No es otro verso de amor, son citas de melancolías

Carolina Salazar

NO ES OTRO VERSO DE AMOR,
SON CITAS DE MELANCOLÍAS

Editado por: Corporación Ígneo, S.A.C.
para su sello editorial Ediquid
José Olaya 169, ofic. 504, Miraflores. Lima, Perú
Primera edición, enero, 2025

ISBN: 978-612-5184-18-4
Tiraje: 50 ejemplares

Hecho el Depósito Legal en la Biblioteca Nacional del Perú N° 2024-12856
Se terminó de imprimir en enero del 2025 en:
ALEPH IMPRESIONES SRL
Jr. Risso Nro. 580 Lince, Lima

www.grupoigneo.com
Correo electrónico: contacto@grupoigneo.com | Teléfono: +51 955 071 270
Facebook: Grupo Ígneo | X: @editorialigneo | Instagram: @grupoigneo

Colección: Nuevas Voces

Contenido

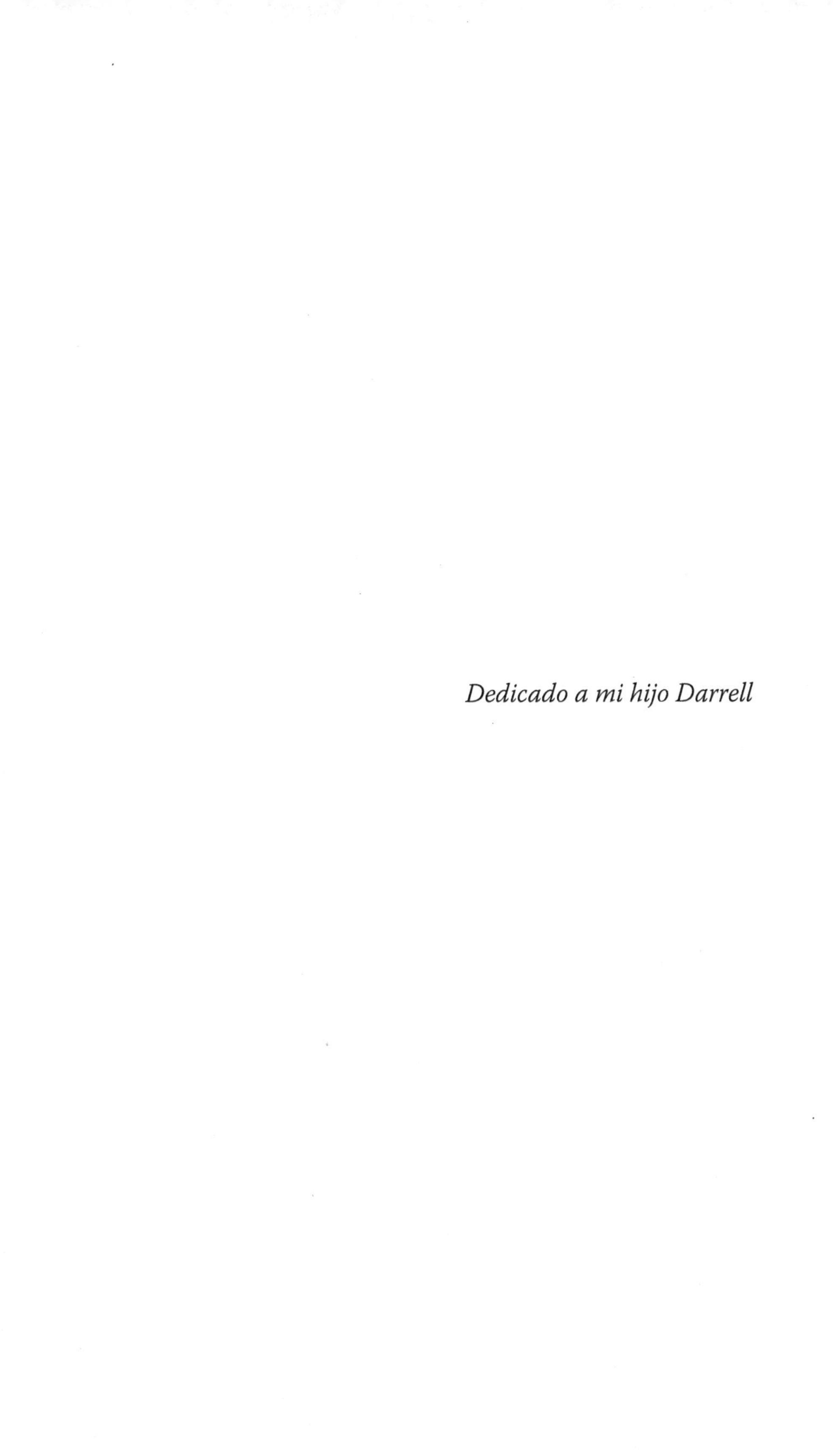

Dedicado a mi hijo Darrell

Esta infelicidad mía;
quien me consume y mata cada día,
que sin consuelo lloro a cada instante.
por no poder en esta vida encontrarte.

(...) aun cuando mis ojos dejen de mirarte
mi corazón seguirá latiendo para amarte,
mis labios tibios para besarte,
y aún después del último suspiro seguiré contigo.

1
¡Y si no, muero!

Hoy muero de tristeza,
al sentir mi corazón tan vacío.
Hoy muero si no siento
tu cuerpo junto al mío.

Hoy se apodera de mí la soledad.
Hoy lloro desconsolado, al saber que ya no estás.
Hoy te recordaré más que nunca
y lloraré, lloraré, hasta que no me quede ni una lágrima más.

Hoy se me hará más largo el día
y la noche será una eternidad,
ni el sueño será un consuelo
para que, en ti, deje de pensar.

Hoy la nostalgia será mi compañía,
hoy tu recuerdo me atormentará la vida.
Hoy que te alejas de mí, sin importarte mi sufrir;
hoy calientas otro cuerpo y te olvidas de mí.

Y si no puedo dejar de sufrir,
y si no puedo dejar de pensarte,
será la muerte quien me acompañe
y me permita dejar de amarte.
Pero ¡y si no, muero!

2
Nostalgia

Cuando los números cuentes,
cuando sepas que cantidad de arena que hay en el mar,
cuando sepas cuantas estrellas tiene el firmamento,
allí nos podremos encontrar.

Cuando puedas tocar el viento,
cuando el ave pueda volar sin alas,
cuando el pez pueda vivir sin agua,
justo allí, me podrás buscar.

Cuando el ser humano no tenga sentimientos
y cuando sus lágrimas sientan acabar,
cuando el vivir ya no tenga sentido,
entonces allí, podremos empezar.

Cuando quieras ver ojitos dulces,
cuando la tristeza se transforme en felicidad,
cuando quieras amor y lealtad,
ahí ya no voy a estar.

No me busques en ninguna parte,
pues ya dejé de existir.
Fui imperfección para ti
y en la indiferencia de tu olvido me perdí.
No busques el amor en lo imposible,
no lo busques en la perfección.
No esperes sentir el vacío,
para entender que no se puede vivir sin amor.

3
Y qué de mí

Yo que iba de flor en flor,
dejando en cada pétalo tu olor;
yo que iba buscando en cada una tu amor,
porque a lo que me dabas no le veía valor.

Yo que te buscaba en otra piel,
yo que equivocadamente perdía tu querer,
buscaba afuera lo que tú tenías
y por egoísta, sin miedo, te perdía.

Iba de ojos en ojos,
buscando tu mirar,
y de labios en labios,
buscándote besar.

En ti lo tenía todo
y eso no lo comprendía.
Tuve que perderte
para dejar de buscar lo que ya tenía
y eras, precisamente, lo que yo quería.

¡Y qué de mí ahora que te he perdido!
¡Y qué de mí ahora que sé que no estás en la piel de alguien más!
Sé que en ti lo tenía todo
y no sé por qué no pude eso antes mirar.

4
Melancolía

Sueños que se fueron en sacos rotos,
sueños y recuerdos guardados en un baúl.
Fe y esperanzas dormidas,
al saber que en mi vida ya no estarás tú.

Se perdió el gran amor y también la ilusión.
Ya de tus palabras solo quedan susurros,
de tu compañía el olvido
y de la felicidad a la tristeza, recurro.

¡Ay, de mis sueños que se ahogaron!,
porque mi castillo construí en el aire,
debajo estaba el azul profundo del océano
que, al igual que tú, mis ilusiones se tragaron.

Mis ilusiones voy a recuperar,
ya no será en ti sino en alguien más,
contigo quedó un futuro olvidado.
¡Despierta, corazón!
Ya se fue el hielo que te había congelado.

5
El amor no duele, las acciones lastiman

Si me amas, te amo,
de lo que me des, te doy.
Si me niegas, te olvido
y si te vas, me voy.

Si me enamoras cada día
y me bajas las estrellas,
lo más seguro es que disfrute
de la luz que las hace ver bellas.

Si me dices que me quede
y que nunca te abandone,
lo más seguro es que lo haga
y sea conforme con lo que me propones.

El amor no lastima,
ni mata con traiciones.
El amor es un sentimiento puro,
que se vive con emociones.

El amor no es un juego,
ni una distracción.
No se ama por capricho,
ni por interés, ni atracción.

El sufrir no es pérdida,
el sufrir genera ganancia,
nos hace ganar experiencias,
para tomar decisiones hechas a conciencia.

Dar lo mejor que se tiene,
así son las cosas en el amor.
Ama con la vida, con pasión,
y harás muy feliz al maltrecho corazón.

6
Culpa ajena

¡Y qué culpa tiene la luna
del que no te quieran!
Ella solo resplandece,
al igual que florece una flor en primavera.

¡Y qué culpa tiene la corriente
del que te dejes arrastrar!
Ella solo transita con intensidad,
al igual que lo hace tu corazón al amar.

¡Qué culpa tiene el sol
de su gran luminosidad!
Él solo emana calor,
al igual que tu corazón
cuando se entrega al amor.

¡Y qué culpa tiene el océano
de su gran profundidad!
Él solo sabe que es libre
y que en él se puede transitar.

¡Qué culpa tiene la lealtad
de que de ella se quieran aprovechar!
¿Acaso es la responsable de las traiciones,
o sea, dejado por algunos secuestrar?

¡Y qué culpa tiene el amor
de que existan seres como tú!
¿Me dices que quien daña es el sentimiento
y no el ser humano, quien actúa sin respeto, ni virtud?

7
Por amor

Por amor se vuelve a la vida
por amor se vuelve a sonreír,
por amor se tiene la dicha
de intensamente vivir.

Por amor se dejan rencores
y se tienen nuevas ilusiones,
se diseña con nuevos colores
y no importaría trascender a otras dimensiones.

Por tu amor vale la pena
hacer todos los sacrificios,
sin importar los daños, solo los beneficios.
Por tu amor vale cada gota de sangre en mis venas.

Con amor no hay días grises,
por amor se pasan por alto los defectos.
Con amor somos todos felices,
por tu amor moriría, no hay duda de eso.

8
¿Dónde te busco, felicidad?

Aquella noche me senté sobre las cálidas arenas de la playa.
El resplandor de la luna se reflejaba sobre las aguas del mar,
miraba fijamente al cielo totalmente iluminado
y en la parte más oscura se veían las estrellas posar.

Miraba fijamente al horizonte,
cómo se unía el cielo con el mar.
La luna tan brillante y casi perfecta,
me hacía solo en ti pensar.

Pensaba en lo que nos unía
y en lo que nos llegó a separar,
que si a todas las alegrías,
se les puede decir felicidad.

El reflejo de la luna con la oscuridad,
transformaba mi figura en silueta
y sentada en las arenas del mar,
solo podía fijamente al horizonte mirar.

Sentada, solo pensaba
y al cielo fijamente miraba.
La soledad era tan perfecta,
que la mágica noche no terminaba.

9
Una canción para el amor

Antes en ti no creía, pues contigo mal la pasaba.
Muy equivocado el concepto tenía,
pensé que eras tú quien fallaba
y quien también lastimaba.

Antes decía que no tenía suerte en el amor.
que mi alma gemela nunca existió,
que con mi príncipe azul se quedaron las princesas
y que Cupido al intentar flecharme los tiros falló.

Ahora sé que eres un hermoso sentimiento,
incapaz de causar daños y resentimientos.
¡Qué irresponsables somos las personas al no querer comprometernos
y que también fallamos al fijarnos en quienes no debemos!

No sé por qué el que sufre te condena
y te culpa de su sufrir.
Cada uno está con quien quiere
y te culpan por no saber bien elegir.

Sé que siempre te haces presente en los corazones
y que envías a nuestras vidas al indicado,
pero por el simple hecho de no me gusta,
escogemos siempre al equivocado.

10
Patética actuación

Fingías, solo fingías
un falso amor y una hipócrita alegría.
Tus besos y caricias solo me llenaban de fantasías,
fingías, todo lo fingías.

El falso amor que me dabas,
no era más que una pantalla montada
que en tu calculadora y fría mirada mostrabas,
que con gran mezquindad me entregabas.

¡Falso, falso e hipócrita amor!
Y tú, un egocéntrico traidor.
No fuiste más que un payaso,
con aires de un gran conquistador.

Fingías, solo fingías
tus palabras, tus caricias, no eran mías.
Eran tan falsas, eran tan frías,
y yo deseosa de amor te creía.

Tu amor fue un circo
con una actuación hecha por marionetas;
fue una canción vacía
en donde no tienen sentido las patéticas letras.

11
Te perdiste en mi mirada

A la cima de la montaña subí,
tratando de encontrar mi destino,
ya que de tanto andar y sufrir
me di cuenta de que me había perdido.

Buscándote había perdido el camino,
nunca creí en un final contigo.
Nunca mire a otro lado, pues eras mi destino,
pero por idolatrarte me había perdido.

Estando en lo alto te busqué,
la tranquilidad y la calma me hicieron ver
que había otro camino
y que lo mejor era el olvido.

Desde arriba te observé, sonreído y tranquilo,
caminando al lado de alguien más.
Allí comprendí que para qué buscarte
si ibas feliz en tu andar.

La felicidad que hoy tienes,
como todo lo tuyo, también será temporal.
Es la misma felicidad que hoy me permite
por mi camino tranquila continuar.

12
Ganas mías

Fuiste mi pasado,
porque aún sin tenerte te tenía.
Eres mi presente,
aunque de mi vida aún estés ausente.
Eres mi futuro,
ya que un día estaré al lado tuyo.

Ganas mías de tenerte,
eres lo que despierto sueño.
Ganas mías de tenerte
y de tu vida ser el único dueño.

Ganas que me matan,
deseos que me consumen,
ilusiones que me llenan de emociones,
escribiré mil versos y serás tú mi resumen.

Versos de amor que te dedico
y que guardo para cuando te llegue a encontrar.
Versos que tiro al aire con un suspiro
para que lleguen directo en donde estás.

Aún no te conozco y te amo eternamente.
Aún no te tengo y te extraño infinitamente.
Aún no sé quién eres y siento la necesidad de tenerte.
Eres el amor que aún no llega y que esperaré por siempre.

13
No es suficiente

¿Me pides perdón después de haberme engañado?
¿En serio es lo mejor que puedes hacer?
¡Patético engreído,
con hambre y sed de placer!

Lo cierto es que de ti no espere mucho,
así que no fue tan grande la decepción.
Tu burla no significó nada,
tranquilo que no significó nada tu amor.

Tu engaño no me causó dolor,
ni me tiró al piso tu traición,
ni muchos menos rompió mi corazón,
más bien me liberó de tanta contaminación.

La jugada te salió perfecta,
para darte cuenta de que no lloré por ti.
El tiro te salió al revés,
al ver que por ti no morí.

Es cierto que hay engaños que duelen
Y traiciones que matan,
Pero la tuya fue tan nefasta,
Traicionero alacrán, que solo con el veneno ataca.

Me pides perdón al ver que no me lastimaste,
me pides que olvide todo y que vuelva a ti.
Te duele verme de pie y sin extrañarte,
pues, adiós, vuela alto, muy lejos de aquí.

14
La luna me ha dicho ridículo

¡Cómo te extraño desde tu partida!
Sentirte lejos es sentir no tener vida,
tu lejanía me está matando.
¡Cómo no extrañarte queriéndote tanto!

Sé que volverás mañana
y que no será larga tu estancia.
También sé que cuento los minutos
y me llevan a ser consumido por las ansias.

Hoy es un día gris,
pues no te tengo, no estás aquí.
Mañana contigo volverá el sol
y tú luz será solo para mí.

Hoy sufro por las ganas de verte,
hoy sufro por desearte y no tenerte,
hoy sufro, pero mañana me volverá la alegría,
mañana volverá la vida mía.

No tengo con quien conversar,
la luna ya no me quiere escuchar,
me ha dicho ridículo
porque de ti solo sé hablar.

15
Elige ser feliz

Hay que aprender a ser feliz
con lo poco que ofrece la vida;
hay que aprender
a sanarse solos las heridas.

Elige ser feliz
y basta ya de lloradera.
La vida no es fácil
y no está hecha para cualquiera.

Elige ser feliz
por encima de quien sea.
Busca siempre lo mejor para ti,
ríe, sueña, goza, haz lo que deseas.

Elige ser feliz
y disfruta de la gracia de estar vivo.
Vive como lo quieras hacer,
deja al qué dirán en el olvido.

Elige ser feliz
y deja ir la dependencia,
muchos te pueden hacer reír
y muy pocos llenarte con su presencia.

Elige ser feliz
y llénate de amor y felicidad,
porque lo material viene y va,
pero lo vivido nadie te lo quitará.

16
Tal vez

Aunque ya no estés a mi lado,
siempre voy a extrañarte y a recordarte;
aunque hoy estemos separados,
no quiere decir que haya dejado de amarte.

Te quiero y te pienso.
Veo un gran abismo entre los dos
y me pesa que un futuro incierto
se haya interpuesto entre tú y yo.

¡Ay, amor, cómo dueles!
¡Ay, amor, cómo sufro!
¿Por qué la distancia es tan cruel
con quienes se aman mucho?

Pensar que un día estemos juntos
y que todo será igual que antes;
también pensar que no lo estemos
y que yo no haya dejado de amarte.

Me torturan los pensamientos
y la desconfianza galopante llega.
Las dudas carcomen mi alma
para hacer aún más terrible mi espera.

¡Cuánto me duele esta lejanía,
tu ausencia me está matando!
En las noches te extraño tanto
y me consuelo a la almohada abrazando.

17
Carta para ti

Solo viví para ti,
no importa, eso me hizo feliz.
Viví para complacerte,
viví para quererte.

La historia del sacrificio,
en donde los roles no son compartidos,
en donde uno solo entrega
y el otro obtiene los beneficios.

Nadie me dijo que no debería ser así,
nadie me dijo que también merecía ser feliz.
Todos me dieron a entender
que en una relación bastaba un solo querer.

Creí que era suficiente
y que mi amor bastaría para los dos.
Creí que en la relación bastaba un solo amor
y entregué todo, hice lo mejor.

Solo viví para ti,
pues solo quería verte feliz.
Fue una manera egoísta,
porque nada debe ser así.

No te reprocho,
ni me siento arrepentida,
ya que mientras tú eras feliz,
yo vivía complacida.

18
No todos los finales son felices

La soledad me ha escuchado llorar,
el silencio ha escuchado mis murmullos,
la oscuridad me ha visto sufrir
por no ser feliz al lado tuyo.

Pensé tener a tu lado
el final del cuento feliz.
Me entregué con ilusiones,
viendo mucha felicidad para mí.

Solo encontré desilusiones,
te quedaste en promesas incumplidas,
me sumergiste en tu mundo de mentiras,
no hubo nada, solo tus palabras vacías.

La convivencia la hiciste un juego,
pero yo no estaba dispuesta a jugar.
Tomé el compromiso muy en serio
y mientras tú jugabas, me dedique a respetar.

Viví en un cuento de fantasías,
en busca siempre de la felicidad.
Me di cuenta de que no en todas las historias los finales son felices,
que en algunos siempre prevalece la maldad.

.El final de mi cuento no se escribió,
esa parte se quedó en borrador.
No sé si existan los finales felices,
pero a tu lado mi sueño no se cumplió.

19
Rosas negras

Rosas negras,
en donde están impresos mis sentimientos.
Eran rosas rojas y mis lágrimas le quitaron el color,
ahora solo son negras, al igual que mi marchito corazón.

Rosas rojas, llenas de sentimientos,
que se mueren cada vez que mi dolor siento.
Rosas que sus pétalos cayeron,
cuando mi alegría y felicidad se destruyeron.

Rosas rojas una vez fueron,
al igual que mi ilusión y alegría.
Rosas rojas que a mi corazón llenaron
de amor, dichas y fantasías.

Rosas rojas, rosas marchitas,
rosas que mis lágrimas el color quita
cada vez que duelen las heridas
y recuerdo que para mí la felicidad estuvo prohibida.

Ahora eres negra,
al igual que la temida oscuridad.
Ahora no tienes brillo, ni humedad;
ahora, al igual que a mí, nadie te querrá.

20
No hay más tontas

Sino está en tu voluntad cambiar
y hacer las cosas diferentes,
ya no puedo seguir siendo
la misma tonta de siempre.

Me dijiste que cambiarías,
que con detalles me conquistarías,
qué harías lo mejor por mí,
que otro por mí serías.

Pero sigues siendo el mismo de siempre,
tú y tus palabrerías.
Lo bueno es que no creí
absolutamente nada de lo que decías.

Palabras huecas,
llenas de basuras como tu cabeza;
palabras sin credibilidad,
las dices porque, claro, puedes hablar.

Tu actitud me hizo cambiar
y mostrarme indiferente.
Ya no me importa lo que digas o hagas,
puedes quedarte en donde estés para siempre.

21
Solo fue un suspiro

Me acosté a descansar
y me quede dormida.
Me acosté a descansar
y ya no pude despertar.

Se quedaron atrás tantas ilusiones,
tantos sueños sin cumplir.
Pensé que era eterna
y olvidé de que tenía que morir.

Aplazaba mis proyectos,
no le daba importancia a los días,
me aferraba al mañana
y en vida ya moría.

Me acosté a descansar
y ya no pude despertar,
ya a la vida no puedo regresar,
no imaginé que hoy sería mi final.

En espera se me iba la vida,
esperando una mejor oportunidad.
Así dejé pasar el tiempo,
olvidando que mi reloj un día se iba a parar.

Se cumplió mi tiempo,
me llamo la eternidad.
Solo seré un recuerdo
para quien me quiera recordar.

¿Cómo olvidé que la muerte algún día llegaba?
¿Cómo me permití ver cómo la vida sin sentido pasaba?
¿Cómo no disfruté de los minutos y segundos
si ellos marcaban el tiempo que yo malgastaba?

22
Ya no llores corazón

Oye, corazón, ¿dónde estas
que no escucho tu latir?
Sé que estás cansado de tanto sufrir,
¡lucha, no te escondas, no te debes rendir!

Sabes, corazón, así son las cosas en el amor,
te entregas, das todo y te pagan con traición,
hagas lo que hagas, será siempre la misma situación.
No te dejes vencer, es tiempo de seguir,
herido, golpeado, marchito y maltratado,
así maltrecho como te han dejado,
de tu caparazón debes salir.

Recuerda que eres un corazón de fuego,
no un corazón de hielo.
No porque te hirieron
vas a quedar tirado en el suelo.

Así es que sigue adelante, corazón,
quiero escuchar tu latir.
Tus suspiros, tus encantos
no deben por una herida morir.

23
Gritos de amor

Si escuchas a un pajarito cantar,
no lo vayas a ignorar
que es mi voz enamorada
queriéndote conquistar.

Si escuchas al viento murmurar,
préstale mucha atención,
que son mis palabras encantadas
hablándote de amor.

No ignores el brillo del sol,
ni el resplandor de la luna;
no ignores a la flor bailar,
ni al pez que vive en la laguna.

Ignorar todo a tu alrededor
es ignorar mi amor,
ya que con señales te digo «te amo»,
porque no sé, con palabras, llamar tu atención.

Si no prestas atenciones,
entonces dime cómo hablar de amor,
ya que mejor que mis palabras
es la magia que está a tu alrededor.

24
Dulce veneno

Esta será mi última noche,
mañana partiré de viaje,
te robaré un beso
y lo llevaré como mi equipaje.

Un beso es todo lo que necesito
para partir con tranquilidad,
un dulce beso de tu boca
y no necesito nada más.

Un beso que lleve en el alma,
un beso que haga que en mis labios quede plasmado tu rostro,
un beso que haga que al cerrar los ojos
sienta tus suaves dedos tocarme un poco.

Un beso que en la lejanía
me permita en ti pensar,
que sea ese el motivo
para que yo quiera regresar.

Si al volver me quieres con el olvido matar,
eso ya no importará,
pues quedó tan adentro tu beso
que ni la muerte podrá arrancar.

25
Un amor bonito

Quiero un amor bonito,
ese que me brinde todas sus atenciones,
ese que cuando esté triste
me alegre con canciones.

Quiero un amor bonito,
así romántico como me gustan,
que me sorprenda con detalles,
que me mime y que jamás me falle.

Quiero un amor limpio,
sin penas ni amarguras,
ese que haga de cada situación
momentos llenos de ternuras.

Quiero un amor eterno
y permanecer siempre enamorados.
Quiero un amor sincero
y que nadie pueda jamás igualarlo.

26
Tan frío como el fuego

No regaste mi corazón,
lo dejaste marchitar,
sabes bien que al amor
hay que saberlo cuidar.

¡Corazón, corazón marchito!
¡Amor, amor descuidado!
Aprende a querer bonito,
no dejes al amor olvidado.

¡Ay, corazón bandido!
¿Por qué te has enamorado
de quien nunca te ha querido
y de quien menos te ha mirado?

¡Ay corazón ardido!
Tus llamas se apagaron,
el descuido fue el motivo
de que te echaran al olvido.

¡Corazón, corazón marchito!
¡Amor, amor descuidado!
¿Por qué fijar los sentimientos
en quien nunca ha amado?

Alguien incomprendido
con su frialdad te ha olvidado.
No supo comprender
que también al amor hay que regarlo.

27
Tan herida como reída

Hoy tengo los ojos hinchados de tanto llorar,
Hoy no supero el dolor y me dejo derrotar;
Hoy no comprendo tu actuar,
Solo sé que te defecaste en mi dignidad.

No sé qué más podría darte.
Te amé incondicional y sin fallarte,
tú que juraste ante el altar respetarme,
ni si quiera con eso supiste amarme.

Mientras a mi lado dormías
con otra igual lo hacías;
mientras yo todo te daba,
a otra sin pensar te entregabas.

Aun siendo tu esposa por otra me dejas,
estando conmigo tenías otro hogar.
Yo sabiendo e ignorando todo,
mis penas, mi orgullo, me tuve que tragar.

El papel de esposa me quedó grande,
ya que nunca un lugar me supiste dar.
Tus desprecios, tus queridas, tus amantes,
todo callada tuve que soportar.

Me seco las lágrimas y dejo de llorar,
no quiero las lastimas, ni que me vayan a victimizar.
No fui yo quien destruyó un hogar,
si tú vas tranquilo, yo mejor debo estar.

Hoy no sé si tu decisión será para siempre,
no sé si también a ella le llegues a fallar,
solo sé que cuando se conoce bien a la otra,
con la esposa se quiere regresar.

28
Fue un instante

Solo bastó un momento
para que mi mirada se conectara con la tuya,
solo fue un momento
para que mi mirada fuera suya.

Un momento mágico
para que pudiera en tu mirar perderme,
un momento exacto
para que igual pudieras verme.

Me perdí en tu mirada
y no me he podido encontrar.
Me fui tan adentro
y así perdida quiero estar.

No sé si es amor o pasión
lo que tu mirada me provoca,
solo me miro entre tus brazos
y tu boca junto a mi boca.

Sé que es un amor de ilusiones
y también de fantasías,
porque no me vi en tu mirada,
la sentí lejana y vacía.

29
De ti, para mí

Si algún día llego a fallarte,
te pido, por favor, no dejes de amarme.
Sé que es una manera egoísta,
pero sin ti no podría hallarme.

Soy un hombre pecador,
con más defectos que virtudes.
En todas partes están las tentaciones
y aunque me resista caigo en provocaciones.

Fallarte no sería mi intención,
no me considero uno más del montón.
Fuiste la elección perfecta
y, de perderte, no merecería tu perdón.

De repente me despierto y te observo dormir,
pienso cómo en tu hermoso cuerpo cabe tanto amor para mí.
Y soy feliz al ver que entre mil a ti te escogí,
y si llegara a perderte sé que moriría sin ti.

Perdóname, amor, porque sin querer te he lastimado,
inconscientemente te he fallado.
Con mis defectos y errores,
muchas veces de mí te he alejado.

Y, aun así, sigues aquí,
te alejo y vuelves a mí.
No sé cómo hacer para conservarte,
y siento muy profundo que estás por cansarte.
Solo te pido que nunca dejes de amarme.

30
El amor, el amor, es el amor

Amor, tierna flor,
tentativo y dulce caramelo.
Amor, intenso calor,
a veces real, a veces un sueño.

Eres deseo y pasión ardiente.
El sexo, depende cómo se presente,
si en furia o en volcán,
en calma o solo tocar.

El amor se expresa a través del sexo,
también se hace a través de un beso.
El amor que ama al alma y no al cuerpo,
se complace de las caricias y no del sexo.

El amor que solo representa la compañía,
el amor callado detrás de la amistad,
el amor sufrido reflejado en llanto,
el amor confundido detrás del querer,
el amor que espera a pesar del tiempo,
el amor que da todo sin nada esperar
y el amor que a pesar de la muerte es inmortal.

31
No es otro verso de amor

No es otro verso de amor el que te escribo,
ahora son palabras que llenan mi corazón,
palabras que salen de lo más profundo,
llenas de mis sentimientos y de mi gran amor.

Son citas de melancolías
que escribo desde la lejanía,
que se quedaron atrapadas con el correr de tiempo
y que no pude hacer cuando era el momento.

Bastó con solo verte una vez
para que el amor por ti en mí naciera,
para darme cuenta de que mi luz tú eras
y que el amor a primera vista es eterno.

Te escribía versos a escondidas,
te enviaba cartas de amor,
te los leía desde mis pensamientos
y en vez de llegarte, se los entregaba al borrador.

Aún, a pesar del tiempo,
sigo escribiendo esos versos
que siguen alimentando mi gran amor,
que por tonto callé y por miedo a la decepción.

Ahora me pregunto, ¿qué hubiera pasado
si mi amor te hubiera declarado?
¿Estaríamos juntos y eternamente enamorados?
¿O estuviera mi corazón desde hace mucho enterrado?
Porque la pena de tu desprecio no hubiera soportado.

Ahora que morí, sé que mis versos te han llegado,
que de mi gran amor por ti te has enterado.
Desde la lejanía te sigo amando
y no puedo sin tu amor seguir avanzando.
Te esperaré, mi luz, para seguir caminando.

32
Y solo fue el pecado

Sus cuerpos juntos se encendían, se llenaban de fuego y calor.
Y no era por la alta temperatura de aquel día, era por las
inmensas ganas que se desbordaban. Se devoraban de pasión,
ese calor los consumía,
y el sudor a ambos envolvía.
Sus cuerpos cada vez más ardían y por ninguna razón sus ganas
se acababan. Se dieron cuenta de que era inevitable que dejaran
de amarse y seguían entregando sus cuerpos como si el
momento nunca acabase.
Sus cuerpos no dejaban de vibrar y su piel era tan adicta que sus
ganas cada vez aumentaban más. ¿Cómo hacer para apagar esas
llamas, si cada vez más a ambos envolvían y se condenaban a no
dejar de amarse?
Sus cuerpos no les pertenecían, eran del aire, del fuego y tal vez
del viento, que en vez de alejar las ganas cada vez que se
entregaban más la acercaba y aumentaba; eran del agua que los
hundía y los ahogaba de una inmensa pasión que los llevaba sin
rumbo a un horizonte profundo, lleno de ansiedad; sí, profundo,
muy profundo, como el inmenso placer que sus ansias
consumían, como sus infinitas ganas
de devorarse sin importar el mundo.
Sus ganas eran tan interminables que no había principio ni final,

solo la continuidad de sus cuerpos de seguir entregando y de sus ganas saciar. Y no, no era amor, ni mucho menos el deseo ni la pasión, simplemente eran las ansiadas ganas de entregarse y saciar su sed.

33
Incidencia

Vivir sin tenerte
es igual que morir y perderte.
La vida es el único camino a la muerte,
eso prefiero, la muerte, antes que perderte,
ya que de qué vale vivir sin tenerte.
Prefiero la muerte a vivir y no verte,
prefiero quemarme en las llamas del infierno ardiente,
ya que nada sería peor que vivir sin tenerte,
¿De qué valiera conocer el amor y amarte
si tuviera que amándote perderte?

La muerte sería el camino a la vida,
ya que amándote viviría eternamente.
No tendría sentido vivir sin tenerte,
la vida sería un castigo si llegara a perderte,
¿Quién soportaría la vida amando a quien ha perdido,
ya que más que el infierno, la vida misma sería un castigo?
De la muerte volvería por seguir contigo.

Solo quien ama intensamente,
teme perder a quien ama verdaderamente.
Solo quien de verdad ama sabe lo que es sufrir,
no es fácil aceptar y seguir, sin su amor vivir.

34
No hay finales felices

No fue un «hasta que la muerte los separe»,
no fue nada complicado lo que nos sucedió.
Al principio, todo fue amor y felicidad,
pero con el pasar del tiempo un gran giro nuestra historia dio.

Ya no me mirabas y mucho menos enamorabas,
Ibas, venías, salías y entrabas,
como a un objeto más de la casa me tratabas,
no sé si te dabas cuenta, pero muy mal yo la pasaba.

Ya no te importaban mis sentimientos,
a nada de lo que hacía le prestabas atención,
Me fuiste, poco a poco, regalando tu ausencia,
estabas a mi lado, pero muy lejos tu presencia.

Mi cara ya no mostraba felicidad,
cansada y desmejorada estaba de tanto llorar.
Mis ojeras insistentes no paraban de preguntar
que en qué momento me habías dejado de amar.

Llegó el momento del final,
cuando ya no me importaba nada y había dejado de llorar,
cuando tu presencia en mi vida ya no era esencial
y cuando me di cuenta de que te había dejado de amar.

Cuando estaba lista para irme,
cuando estaba decidida a volar,
me dices que me quede, que nunca me has dejado de amar.
Ya era demasiado tarde para quedarme, no había vuelta atrás,
ya mis alas habían despegado para a tu lado jamás regresar.

35
Neutro

¡Qué hermoso es escuchar el silencio del viento
y el ondisonante del mar,
el *amaoto* de las gotas de lluvia
y al caballo galopar!

¡Qué placentero es descansar sobre tu pecho
y así poder dormir y soñar,
escuchar que con el latir de tu corazón
se puede el mío conectar!

¡Qué hermoso es saber que nos tenemos
y que con intensidad nos sabemos amar,
saber que cada vez que despertamos,
nuestros cuerpos juntos podemos contemplar!

¡Qué bueno es saber que discutimos
por nuestras diferentes formas de pensar,
y qué confortante es ver cómo al final,
aunque no estemos de acuerdo, nos sabemos respetar!

Vuela mi fantasía
y se estrella con nuestra realidad,
para darnos cuenta de que, aunque todo sea hermoso,
la relación perfecta también nos hace soportar.

36
Don animal

Yo, aquí de pie, viendo cómo te arrastras
por alguien que no te quiere, ni valora.
¿Cómo pude caer tan bajo
y no ver en ti lo que veo ahora?

¿Cómo no vi el despreciable ser que eres,
camuflado cual camaleón?
Te adaptas fácilmente,
con tu disfraz a cualquier situación.

Eres falso, ruin, mezquino y mentiroso,
en tu red muy fácil caí.
Me consuela no ser la única,
mis condolencias a la que hoy cree en ti.

Yo que te traté como a un ser humano
y no eres más que un arrastrado gusano,
mi tiempo perdí estando a tu lado,
¿cómo puede alguien vivir tan engañado?

Todo el mal que se hace se paga,
hoy estas con otra sabiendo que te engaña,
dejaste lo tuyo por ir detrás de lo ajeno.
Bueno, así quedan todos los malos que dicen ser buenos.

Te di en mi vida un importante lugar,
al tener semejanzas, te creía a mi igual.
¡Qué engañada y ciega estuve
al no ver que no eres más que un malparido animal!

37
¡Qué estúpido!

¿Solo porque caminas en dos patas
te crees apto para juzgar?
¡No tienes la moral ni el derecho
para que a otros destruyas con tu mal hablar!

Está bien, no me escuches,
y juzga según tu pensar.
Cuando te des cuenta de tu error,
por favor, ni lo pienses, no me vayas a buscar,
ya que será demasiado tarde para que yo quiera regresar.

Muy irracional te volviste,
lo demuestras en tu forma de pensar,
pues antes de hablar, primero debes entender
que no puedes hablar de lo que no sabes
y mucho menos dejar de escuchar.

Hablas, ofendes y lastimas, como si tuvieras la razón.
Te crees superior a todos para criticar,
no te das cuenta de que quedas como imbécil,
creyéndote tan grande para a otros juzgar,
has cometido actos peores y con mentiras los quieres tapar.

Nada de lo que digas me va a importar,
eres un mal chiste y muy irracional.
Me condenaste sin mis razones escuchar,
recuerda que, igual o peor, te podría yo juzgar,
pero sé que no soy nadie y a ti no me voy a igualar.

38
Me rompiste e hiciste miles de piezas de mí

Te perdoné después de haberme lastimado tanto y de volverme a fallar.
Pero ya no, ya no más,
duelen tanto las heridas
que ya no puedo volver a perdonar.

Aún corazón sangrado,
no se le puede colocar vendas y continuar como si nada ha pasado.
Hay que alejarse y tener precaución para que el mismo sea sanado,
mantenerlo en reposo y con mucho cuidado de que no sea lastimado.

No arriesgaré nuevamente a mis sentimientos
para obtener más de lo que una vez me diste,
en mí ya no hay nada que pueda servirte,
no sé por qué ahora pides lo que sabes que perdiste.

¿Qué buscabas?, ¿qué sentiste que no te di?
Quise ser complaciente para que no tuvieras que salir.
¡Qué inconforme fuiste al buscar más para tu ego complacer!
¿Qué buscaste en otra lo que a mí no me pudiste ofrecer?

Claro que sufrí y también se me partió el corazón,
me enojé como nunca y hasta casi pierdo la razón.
No he vuelto a confiar y he empezado a tener más precaución,
porque quien engaña y es perdonado comete mil veces el mismo error.

39
Cuando los ojos no mienten y al corazón se le escucha

Amor a primera vista
es ese que dura para siempre,
es donde se mezclan todos los sentimientos,
los ojos nunca mienten.

Amor a primera vista
es donde Cupido da un acertado flechazo,
es donde se siente la conexión
y del pecho se quiere salir el corazón.

Amor a primera vista
es la primera ilusión,
es la única persona por la que se ha sentido
mariposas volar en el interior.

Amor a primera vista
es la insistencia que sentimos al mirar,
los ojos de encima no le podemos quitar,
no es fácil ni sencillo el poder disimular.

Amor a primera vista
es cuando sin pensarlo nos acercamos,
es como si de antes nos hubiéramos conocido
y repentina y mutuamente nos amamos.

El amor a primera vista
ya tiene antecedentes,
es la persona indicada para vivir juntos por siempre.
Nos damos cuenta de que los sentimientos nunca mueren
y que mucho menos nos mienten.

40
Sufro por tu amor

Disfruto de cada momento de tu vida,
tus alegrías las gozo porque son las mías,
siento tu dolor cuando sufres,
eres tú la razón que da sentido a mis días.

Despierto cada mañana a prepárate el café,
te ayudo a escoger la ropa que te vas a poner,
te despido en la puerta cuando te vas a trabajar
y llego temprano a casa para cuando llegues poderte abrazar.

La cena te espera en la mesa servida,
te quito los zapatos para en mis brazos llevarte a sentar.
Platicamos de cómo fue nuestro día
y riendo los dos, las carcajadas se dejan escuchar.

Tomamos la ducha juntos y nos acariciamos mientras nos ponemos el jabón,
el agua corre por nuestro cuerpo y nos acaricia la piel.
Es el momento perfecto para tomarnos y hacernos el amor,
tus labios enjabonados no son amargos y saben a miel.

Quisiera tomarte todos los días de la misma manera,
en la alcoba, en la sala, en la cocina y en la regadera,
pero sé que no puedo, pues alguien más te espera.
Eres el fruto prohibido que vive dentro de mis fantasías,
eres el pecado en quien no debo pensar,
pero desde mis fantasías eres mía y mis deseos hago realidad,
y ver que eres la mujer de mi amigo es mi triste verdad.

41
Noventa y ocho versos de amor

Noventa y ochos versos de amor escribiré sobre tu espalda
y en cada uno me inspiraré muy bien
para leerlos cada vez que duermas,
mientras que con mis labios acaricie tu piel.

Convertiré cada verso en una canción
y en vez de tilde pondré un corazón.
Será el que no puedo poner en tus manos,
por eso lo dibujaré en cada verso de amor.

En cada verso escribiré tu nombre,
para pronunciarlo cada vez que te haga el amor.
Así quiero confirmar que me llevas al cielo
y que para subir cada letra es un escalón.

Tu piel es el papel en el que me inspiro para escribir,
no existe mejor manera en la que pueda mi amor por ti describir,
pues todo poeta necesita inspirarse para un corazón hacer latir
y eres tú, la musa, la que en cada verso me hace existir.

Te hago el amor de todas formas
y gozo el placer cuando a ti me entrego.
Leo de tu espalda cada verso
y me sumerjo en ti, como se funde el hierro en el fuego.

42
Crimen sin delito

Tu desprecio será el arma mortal
para que muy rápido me puedas matar.
Afortunadamente no habrá evidencia
y nadie te podrá juzgar por mi muerte causar.

Cansado estoy de perseguirte y de pedirte una oportunidad,
mas incansablemente me rechazas sin dejarme explicar,
y cada rechazo no es más que la poderosa arma mortal
que llega hasta el fondo de mi corazón para con mi vida acabar.

Tu desprecio mi sangre congela
y cada vez más fríos mis sentimientos van quedando,
cada uno de ellos mis venas va envenenando,
hasta llegar a mi corazón que cada día más se está derrumbando.

Tienes el pretexto y la coartada perfecta para aniquilarme,
sin rastros ni huellas de que quisiste matarme.
Ante la ley del hombre quedarás no culpable,
pero ante Dios, tú y tu conciencia serán las únicas responsables.

Llevaste a un corazón sincero al abismo,
arrepentido y con ganas de reivindicarse,
pero valió más tu orgullo y ganas de vengarte
que darle otra oportunidad a quien es capaz por ti de a todos enfrentarse.

Nadie te podrá culpar, tú y tu orgullo libres quedarán,
seré yo el único culpable por tu rechazo no poder soportar.
Quedaras libre para darte otra oportunidad,
pero las malas lenguas te señalarán,
pensando que tal vez con él la historia se repetirá.

43
Esperanza de amar

Vine en busca de tu bendición,
para ver si así logro abrir la puerta de tu corazón,
ya que desde hace tiempo me estoy desesperando
porque tú a mí mucho, mucho me estás gustando.

Anhelo con todas mis ganas gustarte
y que tú la oportunidad de amarte quieras darme.
Será tu bendición la puerta que se abra
para que yo pueda conquistarte.

Porque obtener tu amor ha sido tan difícil,
por eso me aferro a tu bendición,
ya que de qué vale tener la llave
si no existe puerta para llegar a tu corazón.

Cómo me gustas «hermosa mía»,
cómo suspiro con tu presencia,
cómo puede alguien llevar a otros a enloquecer
y más cuando no existe puerta para llegar a su querer.

Con tu bendición llegaré hasta lo más profundo de tu ser,
con tu bendición tendré la llave y la puerta con ella abriré.
No es un reto que veré cumplido,
pero sí un sueño porque es tu amor a lo que más aspiro.

44
Catástrofe

Lo mágico, hermoso e inigualable, no se repite dos veces,
de esos momentos maravillosos solo hay uno que nos marca.
Eso lo supe, cuando después de equivocarme y de tener tantas fallas,
vi que no en todas las personas las mismas actitudes se hallan.

Lo único bueno que tuve en la vida,
por egoísta e inmaduro lo dejé escapar.
No se tiene a la misma persona dos veces
y es una gran lección que deberé aceptar.

Aprendí que las tormentas no solo pertenecen al clima,
que igual se asocian a nuestro estado emocional,
Te creé un huracán interno sin dejarte salida,
fuiste tornado y al alejarte destruiste todo al pasar.

Mi vida quedó devastada por tu partida,
no dejaste en mí un lugar seguro para continuar.
Mi inmadurez y egoísmo te hicieron tormenta,
y tú rabia al estallar se convirtió en huracán.

Sé que no te tendré nuevamente en otra persona,
la escogida por la vida para mi mundo eras tú.
También aprendí que a lo bueno se le respeta y valora,
y que no se le extraña cuando la alejamos por una mala actitud.

45
Cuando las letras lloran

Cuando las letras lloran hay un poco de
tristeza, desespero, angustia y agonía.
No son letras llenas y tampoco vacías,
son letras cargadas de dolor e incertidumbre.

Lloran porque, en su desesperación;
ven a lo que más desean en la lejanía,
el insomnio las arropa y las hace sarcásticas,
y por dentro el gran dolor las hace tan cálidas y frías.

Son letras cargadas de esperanzas y frustración,
que se ven esfumadas por una triste realidad,
al mirar por la ventana buscando consuelo
y ver que su mayor anhelo no se podrá realizar.

Angustia, ya no te rías de mí,
sabes bien que la impaciencia me tiene penando
y no me está dejando dormir.
Quiero, a través de mi ventana,
ver a quien deseo con todas mis ansias venir.

La desesperación me hace caminar,
en espera de una señal de aquí para allá.
La sombra toma mi apariencia,
porque sabe que me he cansado de tanto esperar.

Letras cargadas de sufrimientos y a la vez vacías,
letras que en mi gran dolor parecen no ser mías,
letras que esparcen risas, pero no alegría,
letras que se perdieron entre las palabras
al ver desvanecer las ilusiones mías.

46
Descarado

Cínico, engreído, infeliz y machista,
tus palabras me llenan de asombro y me desconciertan.
Defiendes muy bien tu fatal error,
a sabiendas que tus verdades no son ciertas.

Es más fácil atacar que aceptar que te equivocaste,
es preferible hacerte una novela
que aceptar con gallardía que conmigo jugasteis.
¡Qué cobarde eres a la otra historia crearte!

Quiéreme bonito, te dije,
mas tu discapacidad emocional no te lo permitió.
¡Cretino, imbécil, creyéndote importante!
¡Escaso de razón, fingiéndote amante!

Eres un mediocre e irresponsable,
te justificas haciéndome culpable.
¡Qué conveniente haces ver todo,
para hacer ver las cosas a tu modo!

No eres más que un vestido pasado de moda
que se consigue en un bazar callejero;
eres una moneda falsificada que pretende tener valor
y que solo puede ser usada en una ruin comercialización.

No insistas en enamorarme, te dije,
que no estoy dispuesta a arriesgarme,
esas son historias que se cuentan solas,
porque ya sabemos cómo matan los cobardes.

Disfruta del ayer;
ya que difícilmente conmigo tendrás un mañana.
Todo el que juega, miente y engaña,
no recibe más que desprecio y se priva de tener un buen querer.

47
Fin del juego

Me enamoraste y enamoraste,
cuando caí en tus redes solo conmigo jugaste,
no tenías intenciones de amarme,
me engañaste solo para beneficiarte.

Me enamoraste para tu satisfacción,
me usabas, fingiendo que me amabas.
Yo creyendo y sin dudar, a ti me entregaba,
hasta que me di cuenta de que tu conquista era con otra intención.

Me di cuenta de que nunca me tomarías en serio,
tus planes estaban ya concretados,
pero jamás pensaste en tener que buscarme,
porque nada te saldría según lo planeado.

Ni para jugar tuviste astucia,
no se juega por jugar cuando hay dos en la partida.
Hay algo que siempre debes entender,
que no se juega esperando que el otro vaya siempre a perder.

Llevabas la delantera y terminaste vencido,
lo que antes con aires de grandeza despreciabas,
ahora buscas desesperadamente tener.
Se te perdió el orgullo y te ganó el interés.

Tu suerte se acabó, hoy juego mejor yo.
Así es que basta ya, conmigo no juegas más,
mi cansancio será la tumba en la que puedas tranquilo descansar.
Se acabó el juego, no hay marcha atrás.

48
Memoria llena

Odiarte, eso no, mi amor,
a las personas como tú, no se les hace ese favor.
Se les deja en el olvido,
ya que ni siquiera merecen rencor.

No contaminaré mis sentimientos de esa manera,
mejor los ocupo en algo más productivo,
son tan dañinos como tú y puedo llegar a intoxicarme.
¿Odiarte, yo? Ni siquiera pierdo mi tiempo en nombrarte.

Dices que soy mala
en una historia mal contada,
que hablo así por dolida. No me hagas reír, querido,
porque ni para odiarte me causas inspiración.

Ahora me causas pena
al decir que hablo así por despecho.
Si antes no sentía por ti nada,
ahora solo me causas desprecio.

Pero odiarte, eso nunca, mi amor,
no hay espacio disponible para llenarlo con rencor.
No sé si aún existes porque tu recuerdo ya se borró
y no se puede odiar a quien nunca existió.

49
Tempestades

No fue justo lo que me sucedió,
desde muy chica supe lo que era el dolor.
No sabía que ese era el precio que tenía que pagar,
muy alto fue el costo por esta vida llegar.

Muy pequeña alguien me lastimó,
no olvido y aún recuerdo el dolor.
Cada noche me despiertan las pesadillas,
recordando a quien de mí abusó.

No sé cómo puede existir gente sin pudor,
gente mala, perversa, llena de maldad,
para cometer actos tan crueles e impuros
en contra de la propia voluntad.

Lo intento, pero no puedo ser feliz,
una temible sombra empaña mi felicidad.
El miedo con el que vivo, lo sembró un infeliz,
al convertirme en una víctima de su vil crueldad.

Una huella permanente ha quedado en mi interior,
un tatuaje que me ha marcado y de manchas me ha llenado,
un acto infame que devoró mi inocencia,
un acto salvaje que causó en mi vida la más terrible experiencia.

Un acto tan bajo nunca se olvida,
se lleva a cuesta toda la vida,
se sufre hasta el final y se vive sepultada,
se muere en vida cuando se es abusada.

No es fácil romper el silencio,
el dolor y la vergüenza nos obligan a callar,
ya que la herida nunca cicatriza ni llega a sanar,
con tan solo recodar un acto tan atroz, en el que solo el abusador
ve placer,
en lo que asco y repudio le debería causar.

50
Amor traicionado

Muy lejana escucho tu voz.
Dime, ¿dónde estás?, ¿dónde te has ido, mi amor?
La ilusión se me ha perdido
y todas mis esperanzas se fueron contigo.

¿Dónde estás? Sigue hablándome
para que con tu voz pueda guiarme.
Hablas tan quedito
que no puedo escucharte.

Mi amor se me ha perdido,
íbamos juntos y tomamos diferentes caminos,
solo su voz puedo escuchar,
pero por más que la busco, no la puedo encontrar.

La he llamado para ver si regresa,
pasan horas, días y no la he visto volver.
Las dudas atormentan mi cabeza,
miro a todas partes y no la logro ver.

Estará, tal vez, su voz en mi cabeza,
porque es el único lugar donde la puedo escuchar.
¿Será que nunca te perdiste
y cuando me confié mi mano decidiste soltar?

51
Adicción

Quiéreme suave, lento y pausado,
pero cada vez quiéreme más.
Así, poco a poco, se irá incrementando un amor
que nunca acabará.

Después quiero que me ames tanto y
tanto, que nunca me dejes escapar.
No sé qué será más intenso que el amor,
pero a ese gran sentimiento quiero llegar.

Invéntame una historia de amor,
en donde un nuevo sentimiento me puedas regalar,
en donde no haya brujas, ni ogros,
que sea todo felicidad, desde el inicio hasta el final.

Hazme una indigente de amor
y una adicta a tus sentimientos,
para que, aun en el momento de mi muerte,
siga amándote eternamente
y, cuando mi cuerpo ya no esté en este mundo,
continuar amándote desde el sueño más profundo.

52
No te odio, ni te amo, ni te deseo mal

¿Que por qué me dejaste ir?
¿Ahora te cuestionas
si cuando estábamos juntos, solo de mí querías huir?
Antes solo actuabas, ahora razonas.

Cuestionarte ya no tiene sentido ni importancia,
al tiempo jamás podrás regresar.
Recuerdas que cuando por algún motivo me evadías,
ese era el tiempo que juntos podríamos disfrutar.

Sé bien que siempre hubo alguien más,
era algo que intuía, pero no lo pude demostrar.
Si te sentías tan feliz allá,
dime para qué hoy quieres regresar.

¿Que por qué me dejaste ir?
Recuerda que para ti yo no era importante.
Si hoy ves las cosas diferentes
es porque necesitas tener a la misma de antes.

Huir de mí te era tan fácil,
te sentías independiente y empoderado.
Aun así, siempre te quise y te procuré,
eso nunca lo he negado.

Me dejaste ir, porque había alguien mejor que yo.
Al principio me dolió, pero me llené de valor,
sé lo que valgo y por eso no me afectó.
No me creo única, pero sí especial,
hoy te toca reconocer que, como yo, no habrá otra igual.

53
Esclava por decisión

Esta esclavitud mía,
que me lleva a derrumbarme cada día.
No hay en mi vida un minuto de paz
y todos dependen de mi estado emocional,

Quisiera dormir, solo dormir y nada más,
poder despertar diez años atrás
y así elegir otro camino
que me lleve a otras decisiones tomar.

O tal vez congelarme en el tiempo
y volver a la vida diez años después,
vivir otros momentos
para dejar bien claro de quién quiero ser.

Atada física y emocionalmente,
estoy harta de servir y de complacer a tanta gente.
¿Acaso para eso vine a esta vida?
Pensé que cada uno tendría la oportunidad de escribir su propio relato.

¡Vaya dependencia que no me deja emprender!
¡Vaya tiempo que me hizo esclavizar por complacer!
Y si el tiempo fue cómplice,
¿cómo podría yo jugar otro papel?

Quisiera volar como una majestuosa ave
e imponer, con temor y respeto, mi voluntad,
y así tuvieran todos que mi imposición aceptar.
¿Acaso sería eso más pecado
que seguir siendo esclava por mi voz callar?

54
Solo por ti existe el cielo

Dime cuántas veces debo llorar
o cuántas espinas debo pisar
para que dejes de buscar
y en tu vida me des un lugar.

Te he amado paciente e impacientemente,
con ansias y apuros, pero te he sabido esperar,
aquí continuaré como un inmortal
y sé que con paciencia tu amor me he de ganar.

He recorrido miles de caminos
para a ti poder llegar,
contando de uno en uno,
aún faltan millones por andar.

No me importan tus errores o conquistas,
menos lo que hagas para ser feliz,
solo sé que te seguiré esperando,
aunque a alguien más estés amando.

Solo dime cuál será el reto
o la magia que debo superar.
Si ya he matado dragones,
no hay nada que por ti no pueda lograr.

Sé que no tienes un pasado,
porque un futuro junto a mí tendrás.
Serás la inalcanzable dama,
la que tanto me ha costado conquistar.

55
Tengo margaritas

Me emociona ver un arcoíris de plantas en mi jardín,
con hojas verdes y descoloridas.
Tengo maravillas de flores,
pero no están mis preferidas.

Tengo rosas, azucenas y lirios,
begonias, petunias, papos y girasoles;
también tengo tulipanes y orquídeas,
de todas hay para alegrar corazones.

¿Qué ha pasado que no tengo margaritas?
¿Cómo habré olvidado sembrar a la flor más bonita?
¿Por qué no la habré sembrado?
¿Será que de la belleza me he olvidado?

Quiero tener margaritas,
aunque digan que hay flores más bonitas.
Mi jardín no estará completo
hasta no ver a la flor que quiero.

Tengo claveles, violetas y gardenias,
también dalias, hortensias y azaleas,
no podrían faltar jazmines, clavelinas y camelias,
pero aún faltan mis margaritas.

56
Insistir, persistir y resistir

Las lágrimas no fueron hechas para estar en mí,
por tal motivo dejaré de insistir.
Me duele el alma y hasta la vida misma,
pero por no llorar no voy a morir.

Siempre voy a persistir,
mi alegría no será empañada por las ganas de sufrir.
No soy el tipo de persona que se deja persuadir,
para ser fuerte siempre me repito que eso de llorar no se hizo para mí.

A todo lo que me cause sufrimiento voy a resistir,
ya que eso de llorar no se hizo para mí.
Soy fuerte y decidida,
y jamás, por ninguna situación, me he dado por vencida.

Con esto te doy un breve resumen,
antes de querer lastimarme dime que presumes.
No todas padecemos de debilidad,
muchas nos aguantamos o tragamos las ganas de llorar.

Con eso doy por finalizado el novenario del calvario que fue
vivir junto a ti,
en donde me sentí vulnerable y en tus provocaciones casi caí.
Mas confiada siempre estuve de que por no llorar no iba a morir,
y así fue, si sufrí, no lloré y no morí.

57
Lamentos

¿Por qué, amor? Solo dime por qué.
¿Por qué en los brazos de otro te he encontrado?
¿No hubo otra forma de decirme «ya no te amo»?
¿Por qué destruyes así mis sentimientos,
después de todo lo que sin condiciones te he dado?

¿Por qué, amor? Solo dime por qué.

Hay un hombre engañado que llora desesperado
por una traición que nunca mereció.
Verte en los brazos de otro en vida me ha matado,
he esperado ver en la noche un día y nunca amaneció.

El dolor duele más que la traición.
No, no hay consuelo ni resignación,
quien ha pasado por lo mismo sabe bien lo que duele
ver a quien amas con otro haciendo el amor.

Dime, ¿por qué tus labios has manchado
y has borrado los besos que con amor sincero te he dado?
¿Por qué tu cuerpo has desnudado
con alguien que jamás, como yo, te ha amado?

Solo quiero entender una razón,
ya que tu traición no tiene explicación.
No basta llorar para justificar nada,
si sabes bien que para lo que hiciste no existe el perdón.

No se perdona al asesino que mata con traición
ni al ladrón que, sin piedad, se roba la ilusión,
tampoco a quien secuestra los sentimientos.
Si has actuado al igual que ellos,
¿dime por qué tendría que perdonarte yo?

58
Vivir de recuerdos, aún pudiendo vivir

Soy una piel marchita,
gastada por recibir tantas caricias,
dolida por los golpes que recibió
y un espíritu libre que jamás se rindió.

Una piel que muestra claramente el paso del tiempo,
arrugada y marchita por las vivencias de la vida,
que ha recorrido muchos caminos
y que las experiencias adquiridas no olvidan.

Una piel que rio y que también lloró,
que por las decepciones también se amargó.
Una piel que recibió frío y también calor,
que se llenó de cicatrices a causa de tanto dolor.

Una piel que mucho sufrió,
que buscó amor, que buscó cariño y también pasión,
que hoy muestra un terrible desgaste
como prueba fehaciente de lo que vivió.

Esa piel que años atrás tuvo muchas ilusiones,
cuando el tiempo en ella no transcurría,
cuando sin miedos se entregaba
porque radiante y segura lucía.

Esa piel que al estar desnuda
mostraba seguridad y firmeza.
Esa piel que levantaba pasiones
y que formaba parte de una gran belleza.

Hoy no queda nada de esa piel,
al mirarme solo veo un rostro arrugado y caído,
un cuerpo flácido y transformado,
muy lejos de parecer lo que antes había sido.

Hoy esa piel no provoca ni recibe caricias
ya que el tiempo egoístamente ese placer me ha quitado
y que la vida solo por ver a una piel arrugada me ha negado.
En mi mente no existe obstáculo para continuar,
pero esta piel me lo ha prohibido,
y de merecer amor me tengo que olvidar.

59
Cambio tristeza por amor

Cambio unos ojos tristes
por unos alegres y felices.
Cambio unos ojos tristes,
que se han cansado de tanto dolor ocultar.

Cambio mis ojos despechados,
que se resisten en ver la realidad;
por unos encantadores y enamorados
que solo proyecten felicidad.

¿Quién será que se atreva
a sus ojos con los míos intercambiar
o, al menos, que me diga como encontró la felicidad
para de ella mis ojos colmar?

Mi mirada se ha apagado,
la luz en ella ya no puede llegar,
la alegría fue rechazada
y las lágrimas han encontrado en mis ojos el lugar perfecto
donde habitar.

En un principio ellos fueron felices
e iluminaban como ilumina el sol.
Sucedió lo que nos hace llorar a todos
y desde aquel momento la alegría desapareció.

Y ya no pude encontrarla,
porque no sé en donde se me perdió.
Y hoy me toca cargar unos ojos tristes,
esperando a que brillen como una vez sucedió.

60
Cómo me alejo si no es el amor

Es la pasión y no el amor
que me lleva a devorarte.
Cada vez que hacemos el amor
es la pasión y no el amor
que hace palpitar fuerte mi corazón.

Es la pasión y no el amor
que me lleva a enloquecer y a gritar de placer.
No es el amor, es la pasión
que me lleva en tus labios húmedos a calmar mi sed.

Es la pasión que me hace desgarrar tu espalda
y no el amor, que hace que arda mi alma.
Es la pasión, que permite que se bañe mi cuerpo en tu calor
y que deja escuchar ahogados gemidos. Es la pasión y no el amor.

Es la pasión la que provoca que me desesperen tus caricias,
permitiendo que mi cuerpo explote con la fermentación del deseo,
la que se acumula cada día porque vive deseosa de tu cuerpo.
Es la pasión y no el amor que hace estallar mi cuerpo con tus besos.

Es la pasión la culpable de mis desvelos y ansiedad,
esperando a que un roce me haga tu cuerpo devorar,
morder tus labios y ver los mismos sangrar.
Es la pasión y no el amor, que enloquecida de placer me hace vibrar.

.Es la pasión y no el amor que no me deja dormir,
ansiosa de tu cuerpo sobre el mío sentir.
Es la pasión y no el amor;
que no me permite de mi cautiverio salir.

61
Inicio de una historia de amor

Esa tarde llovía fuerte y te vi caminar bajo la lluvia,
el maquillaje se corría sobre tu cara mojada y
me llamó la atención verte empapada y con el rostro triste.
Ibas perdida y desorientada, caminabas sin rumbo.
No lo niego, me llamó la atención tus perfectas medidas
y tu ondulado cabello color castaño.
La luz de los relámpagos dejaba ver tus ojos llorosos,
que reflejaban tristeza y dulzura a la vez.
Eso me hizo prestarte atención entre la gente,
te perseguía con la mirada buscando no perderte.
Desde la esquina, parado y descansando sobre una pared, te observaba,
pero la fuerte lluvia, más que cesar aumentaba.
El vestido mojado ceñido sobre tu cuerpo, casi perfecto,
el cabello empapado sin cubrir llevabas.
¿Qué te habrá pasado ⊠me dije⊠ que te hiciera
caminar bajo la lluvia, con frío y mojada?
¿Qué habrá pasado que vas llorando, triste y desorientada,
porque entre la multitud buscas perderte?
De pronto vi que te paraste, mirando todo a tu alrededor,
buscando orientarte.
Fue allí cuando decidí a ti acercarme y sin dudarlo te abordé,

te cubrí con mi camisa y te llevé a un lugar seco y seguro.
Me miraste desconcertada, pero aceptaste.
Me preguntaba qué habrá pasado que bajo la lluvia decidiste escaparte.
Tu silencio me hacía callar, pero no pude más y tuve que preguntar
¿por qué decide alguien debajo de una fuerte lluvia caminar?
Alzaste la mirada y me respondiste: es más inofensiva la lluvia, ella no te puede lastimar.

62
Un beso a la muerte

¡Qué frío se hacen sentir mis huesos!
¡Cuánta vibración y escalofríos siento en mi carne y piel!
¡Cuánto me arden los ojos por las lágrimas que no puedo contener!
Se me escapa el último aliento, yéndose mi vida a un lugar que
pronto llegaré a conocer.

Adiós divina y hermosa vida,
adiós al mejor regalo que pude tener.
Bienvenida temeraria muerte,
que siempre a mi lado estuvo presente,
pero a la cual por vivir siempre ignoré.

Me voy hacia lo desconocido,
quiera yo o no, me llevarás contigo.
Sé que mi cuerpo dejarás sepultado en la tierra,
más mi alma y espíritu quedarán perdidos en la niebla.

No te niego que siento temor a lo desconocido,
un temor que hacia la vida nunca mostré,
aunque día a día vivía la incertidumbre,
vivía sabiendo que existías,
pero temor o miedo por ti nunca presenté.

Abrázame fuerte, vida,
abrázame muy fuerte antes de partir
y dame un cálido beso en ese abrazo,
que hasta el último suspiro te quiero sentir.

63
Amor del último minuto

Y justo aquel día,
en el que creí que te tenía,
tu cuerpo posó inerte ante mi mirada.
Y justo aquel día, entendí que te perdía.

Entonces, en aquel momento,
conocí el verdadero amor
cuando entre mis brazos
se enfriaba tu calor.

Fue justo el momento en el que vi que te alejabas,
fue en ese justo momento en el que empecé amar,
y justo el momento en el que mi cuerpo te abrazaba
tu vida de repente dormida se quedaba.

No puedo soltar tu cuerpo inmóvil,
no dejo de cuestionar y llorar.
Beso tus labios aún tibios
y tu rostro dormido no dejo de contemplar.

Y justo cuando de mí te alejabas,
era justo el momento en el que el amor llegaba,
porque la vida sin llegar te alejaba,
porque tu luz en vez de iluminar se apagaba.

Entre risas me deprimía
y la razón yo no comprendía.
Fue tu piel dormida;
que me hizo comprender lo que no entendía.

Y justo fue aquel día,
en el que apenas te conocía,
cuando nuestras vidas se encontraron
y, entre la vida y la muerte, dos corazones vibraron.

64
Coqueta

¿Cuánto vale un beso tuyo?
¿Por qué tan imposible es alcanzarlo?
¿Qué sabor tienen tus besos?
¡Cuánto muero por probarlos!

¿Serán tus besos inalcanzables?
¿Serán como el cielo de intocable?
Esos labios tuyos tan insaciables,
¡cuanto diera por probarles!

Son como pesadillas,
que atormentan el sueño.
Igual es todo un tormento
la tortura de no ser su dueño.

¿Serán tus besos mágicos
o serán hologramas?
Porque por más que lo intento,
no consigo contagiarte mis ganas.

Dame un beso, por favor;
solo uno te pido y nada más.
Y créeme que, al besarme,
no lograrás tus labios de los míos separar.

Y ya no dejarás de besarme;
porque al hacerlo mis labios se volverán insaciables.
Solo hagamos la prueba
y verás que no me cansaré de besarte.

65
Amor adulterado

La envidia disfrazada de amistad
es una caja negra interna cargada de maldad.
Es una caja oscura y pesada,
por la hipocresía que debe ocultar.

Allí se encuentran risas, consejos y cariño;
alegrías, tristezas y apoyo emocional.
Es esa caja un disfraz muy conveniente,
que usa la falsa amiga para engañar.

Amiga y hermana me dices,
te alegras de mis logros,
pero en el interior estás podrida,
me deseas el mal y te quemas por lo ardida.

Me aconsejas, buscando tus beneficios,
y solo lo haces para verme caer.
En nombre de la amistad estoy cegada
y tus falsas intenciones no las puedo ver.

Sé que la envidia es un cáncer que te carcome
y que ha invadido todo tu ser,
que cuando te hablo de mi felicidad
lloras de dolor y finges un falso placer.

Tu falsa amistad es como tomarte un veneno,
un trago tóxico y amargo que, a la vez, debes tragar,
cubierta con la dulzura de la buena amiga,
quien dice que por mi felicidad debe velar.

66
Contraste

Somos tan diferentes,
no tenemos nada en común;
eres lo perfecto detrás de la imperfección,
pero eres tú por quien late mi corazón.

Eres canción y yo poesía;
eres hielo y yo energía;
eres la calma y yo la tormenta;
eres lo fresco que trae la menta.

Eres la rutina y yo la diversión;
soy la pasión y tú el amor;
juntos hacemos erupción,
pero separados todo es mejor.

Eres la dulzura que lastima,
dime cosas bellas, aunque sean mentiras.
Eres lo perfecto detrás de la imperfección,
mas eres a quien ha elegido mi corazón.

Tal vez si te sumerjo en mi mundo
se acabe entre nosotros esta fatal conexión.
Eres perfecto tal y como eres, pero también imperfección.
Quisiera que fuéramos iguales, pero, a como somos, somos mejor.

67
Pares y nones

Cae la lluvia en una nublada tarde,
ilumina el sol y sus rayos nos regalan su calor.
La suave y refrescante brisa nos da su frescura,
todo es perfecto cuando se mira con amor.

Perfecta es la naturaleza,
perfecto es el amor.
No sé qué será más hermoso,
si la lluvia, la brisa o el sol.

¿Sabes qué es lo perfecto?
Lo perfecto para mí eres tú,
tus ojos, tus cabellos, tu perfil.
El amor no es ciego, el ciego soy yo por ti.

Los rayos del sol son las doradas hebras de tus cabellos,
las gotas de lluvia son la humedad que hay en tus ojos.
Y la cálida y refrescante brisa
es la suave textura de tus labios rojos.

¿Ves que no sé qué es más perfecto?
Ya sabes por qué es tan difícil descifrar.
Tanto tú como todo a mi alrededor es tan hermoso,
que entre las dos bellezas no puedo diferenciar.

Dime si hay o no comparación
tanto la belleza física como la interior,
son el complemento perfecto
para a lo hermoso y perfecto cuidar con amor.

68
Solo un amor

Solo una vida pediría
para amarte con locura.
Con esa única vida te daría
todo lo que un enamorado jura.

Solo me bastaría una vida
para mi alma entregarte,
aunque fuera corto el tiempo,
con intensidad llegaría amarte.

No necesito un tiempo indefinido,
ya que sé que eso no está permitido,
y mucho menos una eternidad
sería suficiente con una vez amar.

Con una vida bastaría,
porque sé que dos no tendría,
sería tiempo suficiente
para entregarme eternamente.

Sé que el tiempo para amar es mágico,
también sé que es un tiempo sin fin.
Para amar solo bastan unos minutos,
ya que es el suficiente para amar y morir.

Con esa única vida te amaría,
con esa sola vida bastaría,
quien ama con sinceridad y profundidad
sabe que es suficiente una vida para amar.

69
Los ojos del perdón

Mientras más te quiero, más me hieres;
mientras más te necesito, menos me quieres.
Sé que ese es el precio por mi error,
entregarle mi vida a quien no merece mi amor.

Me desahogaré en silencio,
solo mis lágrimas sabrán lo mucho que sufro,
y cuando todo el dolor pase,
me transformaré en quien no te odia, pero sí te quiso mucho.

Te busqué enloquecida, tanto en el día como en la oscuridad,
no pude hallarte porque no pertenecías a mi corazón.
Me aferré a ti con todas mis fuerzas,
no sabiendo que, para ti, solo era una opción.

Pero la agonía me enseñó la mejor lección,
cuando hiciste que me perdiera en el abismo más profundo.
Nunca te diste cuenta de que yo era un privilegio
y tu ego me perdió en tu escaso mundo.

Fue insólito amarte así, de esa manera,
y más que dar la vida por ti yo quisiera,
inimaginable, toda esa situación.
Y tocó ahogarme por tragar tanto amor.

Ahora comprendo el mar que hizo mi agonía,
estabas en todos lados, pero no te encontré en ninguna parte,
porque el agua de mis tristezas hizo amarga mi alegría
y tu esencia se hundió junto a mis ganas de amarte.

70
También duele lo que hacemos por amor

Hice por ti tantas cosas en la vida,
que hoy no puedo estar más arrepentida,
todo lo hice en nombre del amor,
jamás imaginando tu peor versión.

Tu mirada desafiante,
escondida detrás de la dulzura,
me intimidaba a cada instante
y yo que la confundía con la ternura.

La intuición me daba señales
y yo, confundida, las ignoraba.
Seguía dando todo por ti,
pensando en la felicidad de quien creí me amaba.

Sé que no tengo perdón
y me juzgo por ser tan inocente.
Una mujer enamorada sobrepasa los límites
y hace cosas por amor de las que luego se arrepiente.

Te di lo mejor que tenía,
hoy me doy cuenta de que iba incluida parte de mi dignidad.
Y sé que, aunque me duela, no puedo echar el tiempo atrás,
las cosas que hice por amor hoy me traen infelicidad.

71
Lo incomprendido

Amor no correspondido
es aquel que aún no he comprendido,
¿por qué fijarnos en quienes no nos quieren
si no vamos a ser correspondidos?

Amor no correspondido,
cuántas vueltas da mi cabeza,
porque uno sí ama y al otro no le interesa,
y no encuentro una acertada respuesta.

Un amor no correspondido
es romántico y también obsesivo.
Por no ser recíproco
es que duele no ser correspondido.

Me siento culpable por causar mi sufrir,
porque si sé que este amor es algo negativo
¿cómo permití ver crecer este sentimiento en mí
si sabía que no iba a ser correspondido?

Este amor me ha hecho sentir un inusual dolor
y no es igual al que causa cualquier otra herida,

es tan gigantesca la frustración
que el amor y el dolor crecen tan inmensos y se lleva clavado en el interior.

Amor no correspondido es la obsesión,
porque se idealiza a la persona basados en el amor.
Y acepto que de este amor platónico me tengo que alejar;
no sé si olvidar pueda, pero sí superar.

72
Solsticio de invierno

Fraguar una oscura relación,
con tan solo el fin de que yo te quisiera
y así ocultar lo más perverso en ti.
De veras que perdonarte no hay manera.

Solo seré un testigo de lo que hiciste,
no soy quién para juzgarte.
Que te lo cobre la vida
o Dios, cuando decida llevarte.

Soportaré el dolor que me ocasionaste,
callada y dolida seguiré hacia adelante,
mis heridas llevaré guardadas en mi interior,
ni juzgarte ni culparte, mejor dejar atrás todo el dolor.

No miraré hacia atrás,
no vale la pena sufrimientos recordar.
Tal vez cuando sane contaré mi triste historia
como testimonio para quien te ha de encontrar.

Benevolente es Dios,
que perdona nuestros pecados,
yo un frágil ser humano,
a quien solo le corresponde olvidar.

Tus acciones serán indelebles,
pero tu recuerdo será olvidado,
con otra visión subiré a gran escala,
sin olvidar ser el testigo de una triste jugada.

73
Hombre de papel

Caricatura, hecha de un papel barato,
con discontinuos y ordinarios trazos.
Caricatura, no eres más que una ridícula figura.
Caricatura, solo eres eso, una caricatura,
en donde pretendes ser hombre,
pero el serlo no está a tu altura.

Dices que eres todo un hombre
porque te gusta la vagina,
pero no te comportas como tal,
tienes una gran lengua viperina.

Dices que, como a todo macho,
te atrae la mujer.
Un hombre de verdad presenta otras cualidades
y ahí la preferencia sexual no tiene nada que ver.

La preferencia sexual de un hombre
no tiene que ver con su hombría,
mira tu ejemplo: te gustan las mujeres
y de hombre te falta toda la gallardía.

Tu conducta es femenina
y solo porque tienes pene dices que te gusta la vagina.
No sabes si tus huevos son de gallo o de gallina,
por eso eres una ridícula caricatura.
Te crees gallo, pero te comportas como gallina.

74
Aceptación

Y así fue como aprendí,
a después de una caída levantarme y seguir,
a ver lo positivo en lo negativo,
a sacar provecho de todas las situaciones,
aunque no estuvieran a mi favor.

Y así fue como superé,
a que no solo con los brazos se siente un abrazo,
que no es necesaria una compañía,
que igual te abraza fuerte la soledad
cuando te encuentras en paz.

Y así fue como entendí,
cuando el engaño me dio una gran lección,
de que no hay que llorar por amor
y que quien te quita la sonrisa de tus labios,
te mata la mayor ilusión.

Me di cuenta de que no hay que ser vulnerables,
que la fuerza que ganamos nos enseña a que nadie es indispensable,
que lo bueno que alguien quiera hacer por ti,
nadie como tú para hacerlo mejor.

Llorar me hizo sacar fuerzas
y a cubrirme con una careta,
así fue como decidí
a no quedarme en el piso y a pesar del dolor seguir.

La alegría me mostró
que las penas con risas saben mejor,
que quien vive de ilusiones
se vuelve víctima de la traición.
Y así fue como aprendí a tomar el control de mis emociones.

75
Maldad en su esencia

Me creíste tu animal de terapia,
así me hiciste sentir.
Ahora, ¡suéltame!,
que hasta un animal merece ser feliz.

No es justo verme atrapada en tu mundo,
tampoco es justo verme atrapada en tu interior vacío.
Tus actitudes son entrañas contaminadas,
No sé por qué hacerme sentir menos, cuando eres tú quien está podrido.

Dispusiste a tu antojo de mi persona
como dispones de algo material.
Me diste en tu vida un espacio y no un lugar,
no me viste a como una mujer real.

Dime en qué animal de terapia me convertiste,
porque siento que perdí mi identidad.
¿Cómo hiciste para domesticarme
y ceder a tu voluntad?

Me dormí creyendo en un cuento de princesas y hadas,
esperando un beso para despertar.
Cuando llegué al final me di cuenta
que para ser feliz las princesas de los villanos tuvieron que escapar.

76
Ladrona de amor

Siempre viví entre la luz y la oscuridad,
buscando a alguien con una diferente forma de amar.
Tuve mis amores, no lo niego,
pero antes de ti con ninguna fue igual.

Siempre viví esperando a ese ser especial,
que fuera mi alma gemela y que me llegara a llenar.
La busqué sabiendo que eso era un grave error,
porque la que está destinada conquista tu corazón.

No tomé como referencia su edad
y muchos menos su clase social;
hacerlo sería quitarme la oportunidad
de tener junto a mí a la mujer ideal.

Mi alma gemela llegó por fin,
fue de inmediato la atracción.
Es como empezar a vivir,
después de haberme cansado de buscar al verdadero amor.

Contigo tengo toda alegría,
la trajo tu gran belleza espiritual.
Tuve choques de emociones,
cuando mis ojos descubrieron en ti lo verdadero y real.

77
Notas de amor

El amor no se demuestra con un te amo,
ni con caricias, palabras dulces o besos;
mucho menos con miradas,
risas, obsequios, ni con gestos.

No se demuestra con detalles,
eso se le hace a cualquiera y, en especial, a una madre.
No se compra con regalos,
porque con eso no se demuestra ese te amo.

No se demuestra con dinero,
eso lo hacen los que dicen te quiero.
No se demuestra con promesas,
esos son pilares que se construyen sin firmeza.

No se demuestra con halagos,
esos se hacen para sacar beneficios
y hacer creer que el amor es real
sin tener que hacer ningún sacrificio.

El amor se demuestra con poesía,
con versos, cartas y con canciones;
con la inspiración hecha arte,
para llegar a cautivar los corazones.

78
Amor en censura

Me bloqueaste del WhatsApp,
así como me sacaste de tu corazón.
Me eliminaste de las redes sociales,
para poner fin a lo que fue nuestro amor.

Fuiste drástica y fulminante,
de una vez por todas de tu vida me sacaste.
No quisiste dejar recuerdos,
borraste toda una historia en un instante.

De vez en cuando me voy a tu perfil
para saber qué ha sido de ti
y veo que sigues tan activa como siempre.
Me pregunto si alguna vez pasan nuestros recuerdos por tu mente.

Te veo radiante y feliz,
sin rastros de que alguna vez en tu vida existí.
Te olvidaste definitivamente de nuestra historia,
tus actualizaciones son distintas,
ya no hay frases de amor, esas solo quedan en mi memoria.

Tus ojos no mienten
y en ellos demuestras lo que sientes.
El haberme bloqueado de tus cuentas
fue sin duda la mejor muestra.

79
Equinoccio de otoño

Llevo tanta tristeza encima,
tanta angustia, tanto cansancio,
buscando a quien tanto amor le pueda entregar,
tantas ilusiones, tantas alegrías que dar,
y solo vivo en penumbras y en soledad.

Mi alma cansada se pregunta,
¿por cuánto tiempo esta tristeza deberé llevar,
si será mi destino esta soledad,
si vivirá mi amor por siempre en la oscuridad?

Siento que no hay días soleados,
ni momentos de felicidad.
Me desespera el deseo y la pasión tener que aguantar,
a causa de esta oscura soledad.

Una tristeza extendida cubre mi alma,
una penumbra inmensa hay en mi corazón.
Tengo tanto amor por entregar,
pero continúa interno en mi ser por alguna razón.

Cansada, cansada y solo cansada estoy,
tanta tristeza ya no puedo soportar.
Esta soledad y penumbra
dejan en evidencia mi crisis existencial.

80
Indolente

Me dejaste hundir,
no me diste un salvavidas
con el que pudiera salvar mi vida,
ni un poco de esperanza,
con la que pudiera al menos no sentir tan pesada tu ancla.
Me dejaste en el abandono,
sabiendo que sola no iba a sobrevivir.
Te importó tan poco,
que las fuertes olas me dejaran hundir.

Viste cómo en las aguas me sumergía,
viste cómo el amor y los sueños conmigo se hundían.
Pensé que me darías tus manos para salvarme,
pero me equivoqué, ya que tu única intención
era de entre las aguas abandonarme.

Me diste la espalda y seguiste tu camino
con tu bloque de hielo como corazón;
escuchaste mi llanto y viste mi desesperación,
te importó tan poco mi destino.

No tuviste piedad de mí,
no te conmovieron mis suplicas,
convertiste mi dolor en tu pasión
y mi sufrimiento en tu música.

81
Pide un deseo

¿Cómo dar amor,
cómo dar algo que nunca nadie me dio?
¿Cómo dar amor si nadie nunca me amó,
cómo ofrecer algo de lo que nunca me han brindado?
¿Cómo amar si nadie me ha enseñado?
No sería honesto de mi parte ofrecer un sentimiento dañado
o, peor aún, que el mismo esté contaminado
por no haber podido experimentarlo.

Aún no estoy preparada
para a ese sentimiento corresponder.
Quiero estar sola y a amar aprender,
no quisiera tirarme al abismo sin un paracaídas para caer.
No quiero brindar sufrimientos,
no quiero ser la causante de ver lágrimas correr.

No sé si el amor se aprende a través de un manual,
lo único que sé es que nadie me ha enseñado amar.
No sé cómo nacerá ese sentimiento,
si en mi interior un gran vacío es lo único que siento.
Si nadie lo ha sembrado, no puede nacer,
algo en una tierra infértil, no puede crecer.

He llegado a querer
y he llegado a entregarme,
pero no he podido amar
y nadie ha llegado a amarme.

82
Solitaria

Sabía lo que iba a pasar
si algún día llegara a enamorarme.
Sabía que por amor sufriría,
pero aun así quise arriesgarme.

Sabía que iba a sufrir por decepción,
sabía que iba a llorar por amor,
de todo eso estaba muy consciente,
todo estaba escrito como un libro en mi mente.

Sabía que iba a lamentarlo
y que tal vez no fuera correspondida,
que quizás me causaran algunas heridas,
pero aun así mi corazón quise entregarlo.

Sabiendo los riesgos que corría
y que posiblemente de amor moriría,
aún así puse a prueba a mi corazón,
estaba tan decidida a amar y a sufrir por amor.

Sabía que era irremediable
y que algún día iba a llegar a enamorarme;
también sabía que era inaceptable
que me negara y que no quisiera entregarme.

De todo eso ya sabía
yo, todos los riesgos los conocía,
pero aun así me enamoré
y de amar con sufrimiento no me privé.

83
Psicopatía

Psicopatía:
no te cansaste de herirme
y, por ende, me rompí.
A pesar de los golpes físicos y externos,
sin dejar rastro alguno me reconstruí.

Psicopatía:
de tanto decir amarme me dolía;
tus golpes, tus gritos, mi frágil cuerpo los recibía;
tus rabias, tus frustraciones, conmigo se crecían.
Amor con dolor, incansablemente me decías.

Psicopatía:
todo el mal por mi bien lo hacías,
me amaste tanto que por tu amor morí.
Morí en vida, pero resurgí
con huellas en mi memoria, sí, pero volví.

No comprendo por qué tu amor lo convertiste en mi dolor,
por qué razón descargaste tus frustraciones en mi inocencia.
¿Cómo alguien que causa dolor dice amar
y llegar a violentar en el interior a la más tranquila conciencia?

No me digas que me amas
ni te atrevas a darme un beso.
Tal vez sí eres un ángel,
pero también el ser más cruel y perverso.

Psicopatía:
sé que tienes el interior vacío
y que en ti no puede nacer el amor.
Desde tus entrañas no muestras culpas ni remordimientos,
tu trastorno te lo imposibilita y te gozas con el poder y el control.

Psicopatía:
¿por qué en vez de darme amor me herías?
Pedía recibir tu cariño, eso solo quería.
Odiaba tus disgustos y tu crueldad,
pero tu amor detrás de mi bien era falsedad.

Ahora me pregunto: ¿por qué no me querías?
Tu desamor detrás de los golpes lo sentía.
Hoy miro a la vida desde la luz,
he olvidado que detrás de mis sufrimientos estabas tú.

84
Lágrimas que amargan

Decidí alejarme por mí, por ti y por los dos,
en esta relación ya no era feliz, solo sufría.
Sé que mucho me amaste y también te amé,
pero el amor se transformó en rutina y muy lejos quedó la alegría.

Me alejé por mí,
para así poder ser feliz.
La rutina en la relación me ahogaba,
busqué mil caminos, pero en la misma parada siempre quedaba.

Me alejé por ti,
para que igual pudieras ser feliz.
A mi lado también te asfixiabas
y, al igual que yo, en la misma parada quedabas.

Me alejé por los dos,
ya no era sana la relación,
los pleitos nos consumían
y el amor en la rutina más se hundía.

Fue una difícil decisión
y no lo hice por falta de amor,
lo hice para que el mismo no se perdiera
y también para que solo uno de los dos sufriera.

Me alejé por ti, por mí y por los dos,
no sé si hice bien, pero sé que hice lo mejor.
Fue una difícil decisión
y no lo hice por falta de amor.

Con nosotros se irá el amor,
quizás se pierda o se conserve.
Y tal vez con el pasar del tiempo,
a una felicidad por separado nos lleve.

85
Desprecio

Cómo decirte algo que ya es muy evidente:
desde hace mucho tiempo has dejado de interesarme.
No sé por qué no dejas de preguntarme
que si nos amaremos por siempre.

No, mi amor, dejemos todo hasta aquí,
tú a mí ya no me interesas.
Y la verdad es que ya no siento nada por ti,
esta que está aquí contigo no regresa.

Ya no estás en mis pensamientos,
así es que aquí no tienes nada que hacer.
Piensas tú que te quiero
y lo cierto es que contigo nada que ver.

Demos todo por terminado,
esto hace mucho tiempo se había acabado.
Pero no quieres darte cuenta
y tratas por sugestión mantenerme a tu lado.

De mi parte está confirmado,
el amor que por ti sentí se terminó.
No sé por qué te haces el que no se ha enterado,
con ese vaivén ya me habías alejado.

Así como se acaba el amor,
también termina el interés,
no sé por qué me preguntas
si contigo quiero volver.

86
El dolor nunca muere

¡Qué fácil te resulta pedirme perdón!
¡Qué fácil es para ti sonreírme como si nada hubiese pasado!
¡Qué fácil te resulta decirme que estás arrepentido,
que no te ha ido bien y quieres regresar a mi lado!
¡Qué fácil es decirme que lamentas el haberme perdido,
que si puedo dejar todo en el pasado y que volvamos a intentarlo!
¡Con qué facilidad me miras a los ojos y me hablas tan natural!
¡Qué fácil ves todo y te olvidas del gran dolor que me llegaste a causar!
Las heridas externas sanaron, pero las internas aun intactas están,
solo porque no las ves piensas que pude olvidar y perdonar,
pues he de decirte que allí están y de vez en cuando llegan a sangrar.
¡Con qué facilidad me preguntas que si aún te amo y me dices
que tú a mí no me has podido olvidar, que me piensas a cada
instante y que la vida sin mí no es igual!
¡Qué fácil te resulta decirlo cuando nunca pasaste por lo que me
hiciste pasar!
De veras no entiendo el cinismo con el que me preguntas si te
puedo perdonar,
pues te digo que perdonar he podido, pero jamás olvidar.
¡Qué fácil tratar de convencerme de que esta vez las cosas van a
cambiar, que no repetirás los mismos errores, que lo prometes, y
que esta vez lo cumplirás!

Solo quiero saber una cosa: ¿por qué razón querría yo volver contigo
si tu miel ya la probé?
Me supo tan amarga como la cáscara de un limón y tan ácida
como su pulpa.
¡Qué fácil es para ti exonerarte y estar libre de toda culpa!
¡Qué fácil para ti, verdad! ¡Qué fácil!

87
Ardiente pasión

Eras tú ese demonio en mi vida,
quien me tenía viviendo sin salida.
Eras el demonio que atrapaba mis sueños
y quien me hacía tropezar y caer al suelo.

Ese demonio que se vistió de ángel
y que luego me invitó a su infierno,
quien me envenenó con sus besos
y sin compasión me tiró como desecho.

Las quemaduras, producto de tus llamas, me encendían,
y más que sentir dolor alguno me complacían.
Hiciste que el calor de tu fuego fuera mi favorito
y con esa tormentosa pasión me mostraste el paraíso.

Una vez me llevaste a tu infierno,
te quitaste las alas y te pusiste los cuernos,
tu figura radicalmente cambió,
para ser ese demonio que, fingiendo ser un ángel, me enamoró.

Un cruel demonio que atormentó mi vida
y la convirtió en una horrible pesadilla.
Fuiste quien me lanzó al fuego,
cuando desesperada por las heridas supliqué al cielo.

Hoy las ampollas se convierten en llagas;
hoy sí veo las quemaduras, producto de tus llamas;
hoy sigo viendo a ese demonio, pero aún con alas,
porque ellas me llevaron a sentir, con dolor, la más ardiente pasión.

88
No hay un quizás

Me confirmé a mí mismo que el hubiera no existe,
ya que todos los días se nos da una nueva oportunidad
para hacer todo diferente y corregir lo que está mal.
Por tal razón, no debemos arrepentirnos de lo que no quisimos cambiar.
Pienso que el hubiera lo tomamos como excusa
para justificar lo que hacemos a conciencia,
ya que estamos más que claro que no somos eternos,
pero nos gana el ego, el desinterés y la soberbia.

Cada día de vida es una nueva oportunidad
para nuestras acciones mejorar,
pero somos tan egoístas
que, en vez de logros, lo tomamos para dañar.

Es por lo que pienso que el hubiera no existe,
porque no aprovechamos el tiempo de existencia,
porque cuando tenemos pérdidas nos arrepentimos
y nos llenamos de remordimientos de conciencia.

El hubiera es parte del pasado,
porque se quiere corregir lo que a voluntad se ha creado,
pero sabemos que tal acción es imposible,
pues el tiempo no vuelve ni se queda estancado.

Cada día, cada año, es una nueva oportunidad
para no vivir afanados y volver hacia atrás,
pero es más fácil arrepentirnos, culparnos y llorar,
cuando no supimos buscar y perdonar.

89
Delirio de amor

El tiempo se había pausado,
mientras embobado miraba tus lindos ojos.
Una pálida sonrisa se asomaba entre mis labios
y una sensación de obsesión no me permitía negarlo.

Era todo un tonto adormecido,
que contemplaba tu sutil belleza,
el tiempo congelado me obligaba a admitirlo,
solo te miraba con debilidad y firmeza.

No salían palabras de mi boca,
enmudecido estaba, solo hablaban mis ojos,
desconectado totalmente de la realidad,
ya que era muy difícil dejarte de mirar.

Estaba totalmente ensordecido,
sé que hablabas, pero no te podía escuchar.
Era todo un idiota deslumbrado
que idiotizado moría por poderte besar.

El tiempo en mí seguía congelado,
pero a mi alrededor nada se había paralizado.
Solo era yo quien, embobado,
sentía que de tanto mirarte me había enamorado.

90
Amor fugitivo

Ando buscando un amor,
¿quién lo ha visto pasar?
Salió de mi pecho mientras dormía
y con mucha cautela se pudo escapar.

Creo que se escapó junto con la ilusión,
ambos iban en busca de la pasión,
que andaba en compañía del dolor
y se perdieron por ir detrás del perdón.

Allí estaba la tristeza,
que se había enamorado de la felicidad,
ya que estaba cansada de tanta soledad
y la acompañó en su búsqueda la fiel verdad.

Fueron en busca de la alegría,
ya que el odio la había atrapado junto a los celos,
y unió en el encierro a la depresión,
que se había ilusionado con el humor.

Ando en busca de mis sentimientos,
todos se fueron en busca de un mismo destino.
Si los ven díganles
que al igual que ellos me siento perdido.

Se me escapó el amor,
quien lo encuentre, por favor, dígale que aún hay esperanza,
que no fue su culpa,
que solo fui yo quien no supo cómo vivirlo.

91
Bufón callejero

He escuchado muchos rumores
de que con tus amigos de mí llegas hablar,
que te bufas de que con locura te he amado
y que tu amor aún no he olvidado.

Me dicen que alzas las copas en mi nombre,
porque, según tú, aún lloro por ti,
que será muy difícil que te olvide
y que si me lo pides a ti vuelvo sin pensar en mí.

Dices que sabes que iré a suplicarte,
porque sin ti no puedo estar,
que sé bien que un hombre como tú
jamás en mi vida volveré a encontrar.

Dices que te han dicho que me ven llorar por los rincones,
que he quedado loca porque la ruptura no he podido superar,
que todas las noches en la oscuridad me ven caminar,
que te llamo y te busco, que en el silencio me escuchan tu
nombre gritar.

Dices que te busco por los lugares
donde sé que te puedo encontrar,
donde solíamos pasar mucho tiempo juntos,
que allí por horas me siento a esperar.

Pero ¡qué equivocado estás!
Es evidente que tienes un serio problema mental
y que tus anhelos llegas a imaginar.
No sé por qué tendría, alguien como yo,
por una ruptura enloquecer o ponerme a llorar.

92
Anhelo

Cómo quisiera desaparecer
y nunca ser encontrado.
Cómo quisiera estar en orfandad,
pero en tus brazos ser abandonado.

Quisiera irme lejos
y refugiarme en el lugar más lejano.
Quisiera permanecer en la lejanía del olvido,
pero sin jamás apartarme de tu lado.

Cómo quisiera perderme,
pero en lo más profundo de tu mirada.
Cómo quisiera volver a nacer
y que por segunda vez me amaras.

Cómo quisiera caminar y sin rumbo andar,
y en cada lugar poderte encontrar.
Cómo quisiera en ti poderme refugiar,
que mi cuerpo cansado en ti pueda descansar.

Cómo quisiera esconderme
y que al extrañarme me tuvieras que buscar,
seguir estando perdido,
pero sin de tu vida tenerme que alejar.

Cómo quisiera al aire desafiar
y sin alas lanzarme a volar,
para que tus brazos fueran la red
que al caer me pudieran atrapar.

93
Deslumbrada

Me cegó el amor
y no pude ver tus verdaderas intenciones.
Fui sorda y no escuché las murmuraciones,
me hice la indiferente e ignoré las señales.

El amor me vendó los ojos,
todos lo veían, pero yo solo en ti creía.
Estaba tan enamorada, tan cegada,
que tu verdadero ser no veía.

Eras un sueño, eras lo deseado,
eras perfectamente lo que jamás había imaginado.
¡Cómo verte imperfección alguna,
si eras todo lo que en mi vida había buscado!

Dime cómo no iba a cegarme el amor
y cómo iba a escuchar lo que me decían,
si me deslumbraste con tu presencia
y me enamoré de ti desde el primer día.

Estuve ciega por amor
y también por soberbia.
No hubo engaño alguno en ti,
ya que jamás debí mirar a través de las vendas.

94
En ausencia

En completa soledad estoy,
hundida en un profundo hoyo de sufrimiento.
Y no es metáfora,
es simplemente lo que siento.

En un vacío desconocido,
en un espacio aislado,
me acuesto a soñar cada noche
con la soledad permanente a mi lado.

Río en ausencia de la felicidad,
lloro sin presencia de sufrimiento,
espero, a pesar de tener la certeza de que nadie llegara,
ya que invade todo mi espacio mi amiga la soledad.

Vuelo buscando libertad
y me doy cuenta de que no tengo alas para volar.
Busco incansable un lugar donde descansar,
pero al no tener alas no puedo escapar de la soledad.

Del hoyo del sufrimiento
se escapa un débil y pausado grito.
Nadie puede escucharlo,
porque sale de un interior vacío y marchito.

¿Qué busco?, me pregunto,
y la soledad me ha respondido:
Aunque salgas del hoyo y te eches a volar
caminaré a tu lado y contigo siempre voy a estar.

95
Hiberno

Siempre estuve allí para ti,
a pesar de tus infidelidades y mentiras,
a pesar de tus malos tratos y desprecios,
a pesar de los pleitos y de tu ira.

Siempre estuve presente,
tragando mis amarguras,
callando mis penas y dolor,
con un corazón forrado de armadura.

Siempre estuve para ti,
con un llanto disimulado de conformidad,
amparada bajo la protección de tu egoísmo,
en donde mis lágrimas tragaba para no gritar.

Siempre fui incondicional
y nunca me importaron tus cambios de humor.
Siempre tuve para ti un trato especial,
pues estuve convencida de que detrás de tu egoísmo había algo de amor.

A pesar de todo siempre estuve ahí,
fui amiga, apoyo y confidente,
pero todo fue una falacia,
ya que solo eras diferente ante a la gente.

No fue fácil soportarte
y aun así lo logré.
Tu compañía no era precisamente una flor, sino una espina,
y descalza y desnuda sobre ella camine.

Siempre estuve para ti,
pero ya no más.
Tal vez camine sin rumbo,
pero sí muy segura de no mirar hacia atrás.

96
Un adiós para la felicidad

Gracias por caminar a mi lado,
gracias por acompañarme hasta aquí,
gracias por las alegrías, tristezas y penas,
gracias por haber sido parte de mí.

Hoy sé que sola debo seguir,
sé bien que cada uno tiene un destino marcado.
Dejaste trozos de tu vida en mí tatuados,
sé que cada uno tiene una vida que vivir.

Un adiós perpetuo y duradero
es a lo que mientras viva me tengo que enfrentar.
No es un hasta pronto ni un hasta luego
del que quizás tenga que arrepentirme y a ti regresar.

Es un adiós definitivo,
que se desgarra con la ruptura.
El amor no ha muerto, solo solloza,
mas debe permanecer en una fría sepultura.

Hoy digo un adiós entristecido,
con una voz ronca, débil y moribunda, también.
En tu memoria habrá un sepulcro vacío que diga:
Aquí yace el adiós que me hizo tanto bien.

97
Frío en verano

De ti me liberé,
un esclavo para ti más no seré,
se me quitaron las vendas de los ojos
y de tus malos tratos también me cansé.

Esta relación mucho me hiere
y me da tristeza el saber que tú a mí no me quieres.
No me das cariño y me tratas indiferente,
me traicionas, me engañas y me mientes.

Se terminó el dominio que tenías sobre mí,
agarraré a mi orgullo y me iré lejos de ti.
Si pensaste que toda la vida sería tu esclavo,
pues mira cómo sale de tu madera este clavo.

No sé cómo aguanté tanto,
hoy despierto y sin respuesta me lo pregunto.
¿Cómo se soporta de una persona
tantas faltas de respeto e insultos?

Tu indiferencia me dolía
y más cuando nada conmigo compartías.
Creías tenerme bajo tus dominios,
sin pensar siquiera que podría cansarme.

Hoy se acaba la esclavitud
y me libero de tu prisión.
Hoy se rompen las cadenas,
que me hacían pagar a tu lado la más terrible condena.

98
Sentimientos en venta

Viva el dinero,
el rey de la tierra y de los sueños.
La humanidad sin él no tiene consuelo,
se ha vuelto el dominante de todos los suelos.

No hay valor alguno que lo supere,
está por encima de quien sea y de lo que sea,
por encima de los valores y de los sentimientos,
y de la verdad que ciega, aunque se vea.

Al igual que todos,
tú estás dispuesta hacer cualquier cosa por él.
Si fuiste capaz de vender tus sentimientos,
harías lo que fuera sin importar las consecuencias que llegaras a tener.

Has cambiado lo más importante de tu vida,
te negaste la oportunidad de ver tus ojos brillar,
por un poco de dinero tus ilusiones decidiste cambiar
y quiera que de tu decisión algún día no te sientas arrepentida.

¡Qué materialista me saliste,
eres igual que esta podrida sociedad!
Dejas tus sentimientos a un lado
para hacer del dinero tu mayor necesidad.

Lecturas recomendadas

De anécdotas y casualidades (Juan Gutiérrez)

Suspiros (Luis Briones)

So Do I (Stephanie Suito)

La vida en poesía (Amalia Mena)

EDIQUID

www.ingramcontent.com/pod-product-compliance
Lightning Source LLC
LaVergne TN
LVHW041033150826
845672LV00001B/295

* 9 7 8 6 1 2 5 1 8 4 1 8 4 *